小跳豆 Jumping Bean 幼兒 情緒 故事系列

# 我很妒忌

U0111539

新雅文化事業有限公司

www.sunya.com.hk

# 小跳豆
## 幼兒情緒故事系列

### 跟着跳跳豆和糖糖豆一起學習情緒管理！

情緒是人類與生俱來的本能，是一種既複雜又難以言明的生理及心理反應。日常生活中，經常會發生一些令孩子情緒受困擾的事情，而很多時候，孩子都不懂得訴說自己的情緒狀態，更不能自己化解。大多數成年人都能接受正面的情緒，例如快樂、喜悅或驚喜，但卻難以接受，甚至傾向壓抑負面的情緒，例如生氣、害怕或難過。因此，家長也應該學習情緒管理，才知道如何有效地幫助孩子化解負面情緒。

《小跳豆幼兒情緒故事系列》共6冊，透過跳跳豆和糖糖豆的日常生活經歷，展現各種孩子經常出現的情緒，例如：**生氣、害怕、難過、妒忌、想放棄和太興奮**，並透過故事讓家長和孩子具體地認識情緒及學習適當地處理情緒的方法。

書後設有「我的感覺」和「我的選擇」兩個延伸活動。以書中的故事作基礎，透過親子互動和討論，讓孩子和父母進一步了解更多與情緒有關的學問，一起成為優秀的情緒管理者。

# 新雅・點讀樂園 升級功能

## 讓親子閱讀更有趣！

　　本系列屬「新雅點讀樂園」產品之一，若配備新雅點讀筆，爸媽和孩子可以使用全書的點讀和錄音功能，聆聽粵語朗讀故事、粵語講故事和普通話朗讀故事，亦能點選圖中的角色，聆聽對白，生動地演繹出每個故事，讓孩子隨着聲音，進入豐富多彩的故事世界，而且更可錄下爸媽和孩子的聲音來說故事，增添親子閱讀的趣味！

　　「新雅點讀樂園」產品包括語文學習類、親子故事和知識類等圖書，種類豐富，旨在透過聲音和互動功能帶動孩子學習，提升他們的學習動機與趣味！

想了解更多新雅的點讀產品，請瀏覽新雅網頁(www.sunya.com.hk)或掃描右邊的QR code進入 新雅・點讀樂園 。

# 如何使用新雅點讀筆閱讀故事？

## 1. 下載本故事系列的點讀筆檔案

1 瀏覽新雅網頁(www.sunya.com.hk) 或掃描右邊的QR code 進入 新雅・點讀樂園 。

2 點選 下載點讀筆檔案 ▶ 。

3 依照下載區的步驟說明，點選及下載《小跳豆幼兒情緒故事系列》的點讀筆檔案至電腦，並複製至新雅點讀筆的「BOOKS」資料夾內。

## 2. 啟動點讀功能

開啟點讀筆後，請點選封面右上角的 新雅・點讀樂園 圖示，然後便可翻開書本，點選書本上的故事文字或圖畫，點讀筆便會播放相應的內容。

## 3. 選擇語言

如想切換播放語言，請點選內頁右上角的 粵 書 普 圖示，當再次點選內頁時，點讀筆便會使用所選的語言播放點選的內容。

## 4. 播放整個故事

如想播放整個故事，請直接點選以下圖示：

## 5. 製作獨一無二的點讀故事書

爸媽和孩子可以各自點選以下圖示，錄下自己的聲音來說故事！

1️⃣ 先點選圖示上 爸媽錄音 或 孩子錄音 的位置，再點 OK，便可錄音。

2️⃣ 完成錄音後，請再次點選 OK，停止錄音。

3️⃣ 最後點選 ▶ 的位置，便可播放錄音了！

4️⃣ 如想再次錄音，請重複以上步驟。注意每次只保留最後一次的錄音。

爸媽請使用
這個圖示錄音

孩子請使用
這個圖示錄音

5

跳跳豆很愛糖糖豆，
糖糖豆也很愛跳跳豆，
他們常常一起玩耍。

每天晚上睡覺前，
媽媽都會給跳跳豆說故事。
可是這晚，
跳跳豆在房間裏
卻一直等不到媽媽來。

跳跳豆走出房間，
看見媽媽正陪伴糖糖豆。
跳跳豆說：「媽媽，
你給我說故事吧。」
媽媽說：「妹妹生病了，
我要照顧她呢。」
跳跳豆很不開心，
他覺得媽媽只愛妹妹，而不愛他。

跳跳豆拉着媽媽的手，說：
「我要媽媽！我要媽媽！」
但是媽媽說：
「我現在沒空，
爸爸給你說故事，好嗎？」

跳跳豆大哭起來，説：
「我不要，我不要，
我只想要媽媽！」

15

這時，爸爸温柔地摸摸
跳跳豆的頭，説：
「爸爸來陪你，好嗎？」
跳跳豆點點頭。

爸爸牽着跳跳豆的手回房間去。
跳跳豆坐在牀上。

接着，爸爸拿出一本
超人故事書，對跳跳豆説：
「爸爸給你説關於
超人的故事，好嗎？」
跳跳豆連連點頭。

跳跳豆很喜歡爸爸説的故事，
原來爸爸説故事也很動聽呢！

說完了故事，爸爸問跳跳豆：
「你想不想玩遊戲？」
跳跳豆說：「是不是到被子裏
探險呀？好啊！」

於是，爸爸關掉房間裏的燈，
跳跳豆和爸爸一起
躲進被窩裏玩探險遊戲。

現在，跳跳豆感到很快樂，
因為他知道爸爸也很愛他。
而且，還會跟他一起
玩各式各樣的遊戲呢！

# 我的感覺

小朋友，跳跳豆遇到下面這些事情時，心情怎麼樣？請參考提供的情緒詞彙，說說看。

 高興　　 安慰　　 妒忌　　 生氣

1.

媽媽要照顧妹妹，
沒空給他說故事

2.

爸爸摸摸他的頭

3.

爸爸和他玩遊戲

## 給爸媽的話

跟孩子討論故事角色的情緒，可以幫助孩子學習理解他人的感受。家長可在這部分為孩子介紹描述情緒的詞彙，同時讓他們分享自己的感覺。

# 我的選擇

小朋友，如果媽媽沒空給你說故事，你會選擇哪一個做法？
請說說看。

1.

大哭起來

2.

自己乖乖睡覺

3.

找其他人給
自己説故事

4.

自己靜靜地
玩一會兒後
睡覺

## 給爸媽的話

　　一般處理情緒的方法包括發洩、控制、轉移和疏導。家長可通過角色扮演的
方式，讓孩子能更深刻體會故事角色的遭遇，並選擇合乎自己需要的方式。

小跳豆幼兒情緒故事系列
# 我很妒忌

原著：楊幼欣
改編：新雅編輯室
繪圖：何宙樺
責任編輯：趙慧雅
美術設計：陳雅琳
出版：新雅文化事業有限公司
香港英皇道499號北角工業大廈18樓
電話：(852) 2138 7998
傳真：(852) 2597 4003
網址：http://www.sunya.com.hk
電郵：marketing@sunya.com.hk
發行：香港聯合書刊物流有限公司
香港荃灣德士古道220-248號荃灣工業中心16樓
電話：(852) 2150 2100
傳真：(852) 2407 3062
電郵：info@suplogistics.com.hk
印刷：中華商務彩色印刷有限公司
香港新界大埔汀麗路36號
版次：二〇二一年三月初版
二〇二三年十二月第三次印刷
ISBN: 978-962-08-7580-9
© 2021 Sun Ya Publications (HK) Ltd.
18/F, North Point Industrial Building, 499 King's Road, Hong Kong
Published in Hong Kong SAR, China
Printed in China